AF349785

MONNAIES GRECQUES

RARES OU INÉDITES

DU

MUSÉE DE L'ÉCOLE ÉVANGÉLIQUE

ET DE

LA COLLECTION DE M. LAWSON, A SMYRNE

Par A. ENGEL

———

Extrait de la *Revue numismatique*, 3e série, t. II, 1er trim, 1884, p. 13-65.

———

PARIS

IMPRIMERIE DE L'ÉTOILE

1, RUE CASSETTE, 1

J. B. BOUDET, DIRECTEUR

—

1884

MONNAIES GRECQUES

RARES OU INÉDITES

DU MUSÉE DE L'ÉCOLE ÉVANGÉLIQUE

ET DE LA COLLECTION DE M. LAWSON, A SMYRNE

Par A. ENGEL

Extrait de la *Revue numismatique*, 3ᵉ série, t. II, 1ᵉʳ trim. 1884, p. 13-35.

Pl. I et II.

I

Collection du Musée de l'École évangélique.

Les quelques monnaies antiques dont je donne ci-après la description, et que j'ai lieu de croire inédites, sauf deux ou trois d'entre elles, sont tirées de la collection numismatique du Musée de l'École évangélique de Smyrne. Cette collection est déjà considérable, bien que sa fondation ne remonte qu'à peu d'années et qu'elle ne puisse compter, pour s'accroître, que sur la générosité des particuliers. — Je me fais un devoir de remercier ici M. le Dʳ Lattry, président du Comité du musée et de la bibliothèque, M. le Dʳ Earinos,

conservateur du médaillier, et M. Contoléon, bibliothé-
caire, qui se sont mis à ma disposition avec la plus
aimable obligeance pour le dépouillement d'une collection encore incomplètement classée.

PHRYGIA.

Accilleum.

1. ΑΥΤΚΜΑ—ΝΤΩΓΟΡΔ. Buste lauré de Gordien III
à droite, avec le paludament.

℞. ΑΚΚΙΛΛΕ—Ω—Ν. Victoire à gauche, marchant
sur un globe, tenant de la main droite une couronne
et de la gauche une palme. *Ae.* 6. Cf. Borrell, *Numism.
Chron.*, 1846, p. 14.

Apollonia-Mordiaeum.

2. ΑΥΤ. Κ. Μ. ΑΥ—ΑΝΤΩΝΕΙ. Buste lauré d'Elagabale à droite, avec le paludament.

℞. ΑΠΟΛΛΩΝΙΑΤΩΝ—ΛΥΚ. ΘΡΑ. ΚΟΛ (Λυκίων Θρα-
κῶν κολώνων). Apollon debout de face, le bras gauche
appuyé sur un trépied, et tenant de la main droite
une branche d'olivier; à ses pieds un aigle. *Ae.* 9.

Voir, sur le classement des monnaies d'Apollonia,
la savante dissertation de M. Waddington dans son
Voyage en Asie Mineure au point de vue numismatique,
p. 138.

Hierapolis.

3. ΔΗΜΟC. Tête laurée du Peuple à droite.

℞. ΙΕΡΑΠΟΛΕΙΤΩΝ ΝΕΩΚΟΡΩΝ. Fleuve couché à
gauche, tenant des pavots dans sa main droite. *Ae.* 9.

Hiérapolis et Smyrne.

4. ΛΑΙΡΒΗΝΟC. Tête radiée du Soleil à droite, une haste sur l'épaule gauche.

℞. ΙΕΡΑΠΟΛΕΙΤΩΝ. Κ. CΜΥΡΝΑΙΩΝ ΝΕΩΚΟΡΩΝ ΟΜΟΝΟΙΑ en légende bi-circulaire. Deux mains jointes. Dans le champ, **Z**. *Ae*. 6.

La légende ΛΑΙΡΒΗΝΟC se retrouve sur d'autres monnaies d'Hiérapolis décrites par Mionnet (IV, nᵒˢ 588, 590, 591, etc.) « Vocabulum istud referendum ad Solis caput, et esse captum ex indigenarum lingua, dubium non videtur. » (Eckhel, *Doctrina*, t. III, p. 154.)

Hierapolis et Sardes.

5. ΑΥΤ. Κ. Μ. ΙΟΥ.—ΦΙΛΙΠΠΟC. Buste lauré de Philippe père à droite, avec le paludament.

℞. ΙΕΡΑΠΟΛΕΙΤΩΝ. Κ. CΑΡΔΙΑΝΩΝ ΝΕΩΚΟΡΩΝ ΟΜΟΝΟΙΑ. Apollon Citharède en habit de femme devant le simulacre de Proserpine. *Ae*. 9 1/2. (Mionnet, *Suppl.* VII, nᵒ 397.)

Ococlea.

6. ΑΥΤΥΚ ΜΑΝ—ΓΟΡΔΙΑΝΟ Buste lauré de Gordien III à droite avec le paludament.

℞ Ο — ΚΟ — ΚΛΙΕΩΝ Cybèle tenant une patère de la main gauche, assise à gauche entre deux lions. *Ae*. 6.

Les monnaies d'Ococlea sont fort rares ; elles ont

été d'abord faussement attribuées à une ville de Mococlea ou Diococlia par Sestini (*Lett.* t. VII, p. 68) et par Mionnet (t. IV, p. 280 et p. 344). Borrell a montré (*Num. chron.* 1841, p. 35) que la véritable légende de ces pièces était OKOKΛIEΩN, opinion confirmée par cette nouvelle médaille, d'une lecture indubitable.

Themisonium.

7. IOYΛIA CEBACTH Tête nue de Julie Domne à droite.

℞ ΘEMCΩNEΩN (*sic*) KAZAN, Fleuve couché tenant un roseau et appuyé sur une urne. *Ae.* 6.

Voir ce qu'ont dit de Themisonium et du fleuve *Kazan*, Borell (*Num. chron.* VIII, 1846, p. 35 ; Waddington, *Mélanges de Numismatique et de Philologie*, p. 110 ; et Cavedoni, *Spicil. Num.* p. 249.

LYDIA.

(*Dioshieron*).

8. AYTOK. .ΛOY CE CEVHP..
Buste lauré de Septime Sévère à droite, avec le paludament.

℞ EΠI.ΤEPTYΛEINOYAC[KΛHΠIAΔOYAPX]ΔIOCEPEIT (*sic*). Figure assise à gauche et tenant une haste et une patère, au milieu d'un temple tétrastyle. *Ae.* 10.

Ce revers est aussi celui d'une monnaie de Caracalla frappée à Dioshiéron et décrite par Mionnet (IV, p. 37, n° 192).

Hypaepa.

9. **ΦΟΥΛΠΛΑV ΤΙΑΝΗ·C**, Buste diadémé et drapé de Plautille à droite.

℞ **ЄΠΙ ΜЄΝΑΝΔΡΟΥ ΒΑCCΙΑ CΤΡ ΥΠΑΙΠΗΝΩΝ**. Caracalla debout à gauche avec la cuirasse et le paludament, sacrifiant devant un autel ; derrière lui, une Victoire, une palme de la main gauche, le couronne de laurier. *Ae.* 9. —

Monnaie aussi rare qu'intéressante, déjà publiée par M. Percy Gardner (*Num. Chron.* 1875, p. 34 et pl. II, 6). M. de Sallet nous paraît avoir suffisamment démontré que malgré le nom de Plautiane qui y est gravé, cette pièce appartient à Fulvia Plautilla, femme de Caracalla (*Num. Zeitschr.* 1872, p. 97) et non à la femme supposée de Pescennius Niger, comme on l'avait cru d'abord. — Fulvia Plautilla, dit-il, était fille de Fulvius Plautianus, dont le nom est connu par les inscriptions : *Plautiana* au lieu de *Plautilla* sur des monnaies de villes reculées de l'empire, telles qu'Acrasus, Thyatire et Hypaepa, est facile à expliquer : ce n'est qu'une autre orthographe, peut-être fautive, du nom de Plautille, justifiée par le *cognomen* de son père. L'analogie des traits de Plautille et de Plautiane sur les monnaies, prouve aussi qu'elles ne sont qu'une seule et même personne.

IONIA

Ephesus.

10. AYT. K. M. AYP· 'ANTΩNEINOC
Tête laurée d'Elagabale à droite ; paludament.
℞ ЄΦЄÇΙΩΝ· ΜΟΝΩΝ — Α· ΠΑCΩΝ· Δ· ΝЄΩΚΟΡΩΝ
L'empereur lauré et drapé sacrifiant avec une patère
sur un autel ; devant lui une Victoire tenant une palme
de la main gauche lui présente une couronne de la
droite. *Ae.* 11.

Heraclea.

11. [Α. Υ. ΚΑΙ] ΤΙ. ΑΙ Α [Δ ΡΙΑΝΤΩ ΝΕΙΝΟC. CЄΒ].
Buste lauré d'Antonin à droite avec le paludament.
℞. ΑΡΧΙΑΤΡΟC ΗΡΑΚΛЄΩΤΩΝ CT [ΑΤΤΑ] ΛΟC —
dans le champ, **ΝЄ — ΟΙC**. Hercule debout de face, tenant une massue de la main droite et un objet indéter-
miné de la gauche. *Ae.* 11. — (Waddington, *Voyage en
Asie Mineure*, t. III, *Inscriptions,* p. 402) Cf. aussi Mionnet, t. III, p. 138, n° 577, une monnaie autonome
d'Héraclée dont la légende de revers est presque semblable. — Pour l'*archiatrie*, voir René Briau, l'*Archiatrie romaine ou la médecine officielle dans l'empire
romain.* 1 vol. 8°, Paris 1877.

Miletus.

12. A CЄΠ CЄΥΗ... ΑΥ. Μ. Α...
Têtes affrontées et laurées de Septime Sévère et
de Caracalla avec le paludament.

— 7 —

℞. ЄΠΙ ΑΡ ΗΓЄΜ ΜЄΝЄΚΛЄΟΥC [ΜЄ] ΙΛΗCΙΩΝ. Apollon nu, la tête tournée à droite, assis à gauche sur des rochers, le coude gauche appuyé sur un autel et la main droite levée au-dessus de sa tête ; devant lui un trépied à travers lequel passe une branche de laurier. *Ae.* 10.

Rapprocher de cette médaille un bronze décrit par Mionnet, *Suppl.* VI. Septime Sévère, n° 1274, d'après Vaillant. Le même magistrat y est mentionné.

Smyrna.

13. ЄΠ. C. ΚΟΥΙΝΤ. ΠΟΛЄΙΤΟΥ.

Buste de l'Abondance (εὐθηνια) voilée à gauche, tenant de la main droite des épis et sur le bras gauche une corne d'abondance.

℞. CΜΥΡΝΑΙ [ΩΝ]. ΠΡ. ΑCΙ [ΑC] et dans le champ, ΝЄΟ. Β.

L'amazone Smyrne debout à gauche, tenant une bipenne de la main droite et la *pelta* de la gauche. *Ae.* 8.

Cette médaille se trouve également, mais mieux conservée, dans la riche collection du couvent de Saint-Florian près Vienne, et a été décrite par le docteur Kenner (*die Münzsammlung des Stiftes Sant-Florian*, p. 130). Il convient de la rapprocher de deux autres bronzes offrant un buste semblable, et décrits, l'un par Millingen (*Ancient coins,* pl. V, 13) et l'autre par Pinder (*Beiträge zur älteren Münzkunde*, p. 237). Celui-ci est de Domitien ; Pinder voit dans la représentation de l'avers, Domitia sous les traits de Demeter, ou plutôt de l'Εὐπορία, l'*Abundantia* des monnaies romaines : sur d'autres monnaies de Smyrne, on voit en effet Drusille sous les traits de Cérès, Poppée sous ceux de la Victoire, et Domitia elle-même avec une corne d'abondance. « Mais, ajoute-t-il, cette représentation était toujours applicable à l'impératrice, sans lui être propre, car la même figure, répétée dans un style grossier, se retrouve sur des monnaies postérieures à la légende ΣΜΥΡ-ΑΙΩΝ ΠΡΩΤΩΝ ΑϹΙΑϹ, qui ont été frappées avec des noms de magistrats sous Gordien et sous Valérien; et aussi sur une pièce pareillement postérieure, de la ville voisine d'Erythrée, à la légende ΕΡΥΘΡΑΙΩΝ (Mionnet, III 132, 536). »

BITHYNIA.

Heraclea.

14. K. M. ΟΠΕΛ ϹΕΥ.. ΜΑΚΡΕΙΝΟ... Buste lauré de Macrin à droite avec le paludament.

℞. ΗΡΑΚΛΗΑ˙ — ˙ΕΝΠΟΝΤΩ. Hercule nu debout de face, regardant à droite ; il tient de la main droite une massue et de la gauche la dépouille du lion. Ae. 8.

MYSIA·

Assus.

15. Légende fruste. Tête laurée de Septime Sévère à droite.

℞. ΕΠΙ ϹΤΡ ΖΩΙΛΟΥ ΤΟΥ ΖΩΙΛΟΥ— ΑϹϹΙΩΝ. Esculape assis à gauche, tenant une patère de la main droite, et de la gauche un bâton autour duquel s'enroule un serpent. *Ae.* 10.

CILICIA.

Soli-Pompeiopolis.

16. Tête casquée de Pallas à droite.

℞. Grappe de raisin ; à gauche, une fleur ; à droite, une chouette sur une branche ; **ΣΟΛΕΩΝ** ; et dans le champ. **ΦΙΛ.** — *Ar.* 5.

CYPRUS INSULA.

17. *Evagoras, roi de Chypre* (?). Tête d'Hercule coiffée de la peau de lion, à droite.

℞. Dans le champ, un monogramme en forme de croix à double traverse. *Or.* 1/2.

Charmante petite pièce, inconnue au duc de Luynes.

A. ENG.

II.

COLLECTION DE M. LAWSON.

La collection de M. Alfred Lawson est actuellement de beaucoup la plus belle et la plus intéressante des collections particulières de Smyrne. En se bornant aux suites monétaires de la Lydie et de la Phrygie, M. Lawson a pu donner à son médaillier une importance exceptionnelle. C'est un choix de ces monnaies estampées pendant un récent séjour à Smyrne, avec la bienveillante autorisation de leur propriétaire, que nous avons fait graver sur les planches I et II. Quelques-unes sont nouvelles ; plusieurs fournissent des rectifications aux descriptions de Mionnet ; toutes à un titre ou à un autre, méritent d'être signalées.

LYDIA.

Acrasis.

1. *Severus Alexander.* — **AYTOK P.K.M. AYP. CEBH-POC. AΛEZANΔPOC.** Tête laurée de Sévère Alexandre, à droite.

℞. **ЄΠΙ. CTP. AYP. MOCXIANOY. T. B. AKPACIΩTΩN.** Diane d'Ephèse dans un bige de cerfs, à gauche, tenant une statue de la Fortune dans la main droite. *Ae.* 45 ^{mm}. (Mionnet, t. IV, p. 4.)

Aureliopolis.

2. *Caracalla* — **AYT· K· M. AYP. — ANTΩЄNINOC** Buste lauré et imberbe de Caracalla, à droite avec le paludament.

ɴ. ΞΗΝΩΝ B TATIAN CTPAT B ANΘ — AYPΗΛΙΟΠ
TMΩΛ. Simulacre de Proserpine de face entre un
pavot et un épi ; en face, Cérès, voilée et vêtue de la
stola, lui présente un épi de la main droite et tient une
haste de la gauche. *Ae.* 29 ^{mm}. (Cf. Mionnet, *Suppl.* VII,
p. 324), pl. I, n° 1.

Bagae.

3. *Valerianus senior.* — AV. K. ΠΟ — ΛΙ. ΒΑΛΕΡΙΑΝΟ.
Buste radié de Valérien père, à droite, avec le paludament. Traces d'une contremarque sur la joue.

ɴ. ΒΑΓΗΝΩΝ ; — à l'entour : ΚΑΙC — ΑΡΕΩΝ. L'empereur à cheval, à droite, la tête laurée, tenant un
javelot et terrassant trois guerriers phrygiens armés
d'arcs et de boucliers. *Ae.* 37 ^{mm}.

Bryula.

4. *Antoninus pius* . — AYTO. KAI· AΔΡΙ — ANTΩ-
ΝΕΙΝΟC. Tête nue d'Antonin, à droite.

ɴ. ΒΡΙΟΥ — ΛΕΙΤΩΝ. Bacchus debout, à gauche,
appuyé sur une colonne, tenant de la main gauche une
haste, et de la droite un canthare renversé ; à ses pieds,
une panthère. *Ae.* 24 ^{mm}, pl. I, n° 2.

Dioshieron.

5. *Plautilla.* — ΦΟΥΛ. ΠΥΑΥΤ — ΙΛΛ CEBACTH·
Son buste drapé, à droite.

ɴ. ΕΠΙ ΤΕΡΤΥΛΕΙΝΟΥ. ΑCΚΛΗΠΙΑΔΟΥ. ΑΡΧ. — Dans
le champ : ΔΙ—Ο—CΙ—Ε—ΡΕ—Ι—ΤΩ—N. Jupiter assis
à gauche, tenant une haste et une patère. *Ae.* 30 ^{mm},
pl. I, n° 3.

Hermocapelia.

6. *Autonome.* — ΙϹΡΑ. ϹΥΝ—ΚΛΗ-ΤΟϹ. Tête du Sénat à droite.

℞. ϹΡΜΟΚΑΠΗΛϹΙΤΩΝ. Jupiter Sérapis debout, tenant une patère de la main droite et la haste transversale de la gauche. Ae. 21ᵐᵐ. (Mionnet, IV, nᵒ 232.)

Hierocaesarea.

7. *Agrippina junior.* — ΘϹΑΝ ϹϹΒΑϹΤΗΝ—ΑΓΡΙΠΠΙΝ.. Tête d'Agrippine à droite.

℞. ΙϹΡΟΚϹϹΑΡϹϹΟΝ—ϹΠΙ ΚΑ...... Diane debout de face, portant la main droite à son carquois ; à ses pieds, un cerf. Ae. 19ᵐᵐ., pl. I, nᵒ 4. ·

Mastaura.

8. *Vespasianus.* — ΟΥϹϹΠΑϹΙΑΝΟϹ. ΚΑΙϹΑΡ. Tête laurée de Vespasien à droite.

℞. ΜΑϹΤΑΥ—ΡϹΙΤΩΝ. L'empereur, debout à gauche, la main gauche appuyée sur le flanc, et vêtu du paludament. Ae. 20ᵐᵐ. (Cf. Mionnet, t. IV, p. 458.)

Saetteni.

9. *Caracalla.* — ΑΥΤ. Κ. Μ. ΑΥΡ. ΑΝΤΩΝϹΙΝΟϹ. Buste lauré de Caracalla à droite avec le paludament.

℞. ϹΠΙ ΑΤΤΑΛΙΑΝΟΥ—ΑΡΧΑϹΑΙΤΤΗ—ΝΩΝ. Le Dieu Lunus avec ses attributs, debout, à gauche ; dessous, deux fleuves couchés en face l'un de l'autre, avec leurs attributs. Ae. 32ᵐᵐ.

C'est la médaille que Mionnet (*Suppl.* IV, p. 113) a classée erronément à Gordien III, n'ayant pas pu lire la légende de la face sur son exemplaire, qui sans doute était fruste.

Sardes.

10. *Julia Domna.* — ΙΟΥΛΙΑ– ϹΕΒΑϹΤΗ. Tête de Julie à droite.

℞. ΕΠΙ ΚΑΜΙΘΡΟΥ. ΑΡΧ. Α.—Et à l'exergue : ϹΑΡΔΙΑ-ΝΩΝ. Β. ΝΕΩΚΟΡΩΝ. Urne des jeux ; dessous, sur un soubassement, on lit ΧΡΥϹΑΝΘΙΝΑ. — *Æ.* 30.

Le même magistrat paraît sur une autre médaille de Sardes (Mionnet, IV, n° 733), et les *Chrysanthina* sont encore rappelés sur des médailles de la même ville. (Mionnet, *Suppl.*, t. VII, n°ˢ 492 et 493.)

11. *Autonome.* — ΙϹΡΑ ϹΥΝ—ΚΛΗΤΟϹ· Tête du Sénat, à droite.

℞. ΕΠΙ. ΤΙ. ΦΛ. ΜΗΤΡΟΔΩΡΟΥ. ΤΟ. Γ. ϹΑΡΑΙΑΝΩΝ Pallas Nicéphore debout à gauche, la lance et le bouclier à la main. *Æ.* 30ᵐᵐ. (Mionnet, IV, n° 681, *var.*)

12. *Julia Mamaea.* — ΙΟΥΛΙΑ· — ΜΑΜΑΙΑ. ϹΕ. Tête de Mamée à droite.

℞. ΕΠΙ. ΑΡΧ. Γ. ΑΣΙΝ. ΝΕΙΚΟΜΑΧΟΥ. ΣΑΡΔΙΑΝΩΝ. Β. ΝΕΩΚΟΡΩΝ. Femme assise, tenant de la main droite une couronne et de la gauche un roseau, le coude gauche appuyé sur des rochers. *Æ.* 30ᵐᵐ. (Mionnet, IV, n° 770.)

Silandus.

13. *Domitianus.* — ΔΟΜΙΤΙΑΝΟϹ. ΚΑΙϹΑΡ. Tête laurée de Domitien à droite.

℞. ЄΠΙ· ΔΗΜΟΦΙΛΟΥ — CTPA — CΙΛΑΝΔЄΩΝ. Pallas casquée debout à gauche, tenant une patère de la main droite et une haste de la gauche ; à ses pieds un bouclier. *Ae.* 19 mm. Pl. I, n° 5.

Thyatira.

14. *Caracalla.* — ...... ΑΝΤΩΝΕΙΝΟC. Buste lauré de Caracalla à droite, avec le paludament.

℞. ЄΠΙ............. A l'exergue : ΘΥΑΤЄΙΡΗΝΩΝ. Jeune fille à moitié nue, assise à terre, touchant de la main droite un arbre, tandis qu'un taureau bossu s'approche paisiblement d'elle (type décrit par Mionnet, *Suppl.* VII, Thyatire, n° 592). *Ae.* 36mm.

15. *Trajanus.* — ΑΥ. ΝЄΡ. ΤΡΑΙΑΝΟ... ЄΡ. ΔΑΚΙ· ΦΙΛΙΟΝ ΔΙΑ. Tête laurée de Trajan à droite.

℞. Une amazone, la bipenne sur l'épaule gauche, donne la main à Esculape, également muni de ses attributs. A gauche, ΘΥΑ — ΤЄΙ; à droite, ΠЄΡ — ΓΑ; dessus, ΟΜΟΝΟΙΑ. *Ae.* 30 mm. Frappée à Pergame.

PHRYGIA·

Accillea.

16. *Autonome.* — BOY — ΛΗ. Tête voilée du Sénat à droite.

℞. ΑΚΚΙΛΛ—ЄΩN. Bacchus, debout à gauche, tenant une haste et un canthare renversé. *Ae.* 21 mm. Pl. I, n° 6.

$$- 15 -$$

Acmonia.

17. *Caracalla.* — AYT· K· MA· AYP· ANTΩNEINOC.
Buste lauré de Caracalla, à droite, avec le paludament.

℞. AKMONЄΩN. L'empereur à cheval en course, à
droite, le fouet à la main droite. A droite, des rochers
ou une montagne, au pied de laquelle on voit une
figure imberbe et à demi-nue, couchée à gauche, la
main droite posée sur le genou gauche, et le bras
gauche appuyé sur le versant de la montagne. Sur le
sommet de celle-ci, deux femmes debout, de face, la
tête tournée à gauche. Au-dessus du groupe, un aigle
volant à droite. *Ae.* 29^{mm}. — (Cf. Mionnet, IV, p. 201,
31. — *Num. Chron.* 1866, p. 126, 1. — Catal. Vente
Borrell 1862, n° 78. — Imhoof-Blumer, *Monnaies
grecques*, p. 391.) Pl. I, n° 7.

Aezanis.

18. *Commodus.* —AY. KAI. M. AY. —PH. KOMOΔOC·
Buste lauré de Commode à droite avec la cuirasse.

℞. AIZANЄI. TΩN. Є — ΠI KATATIANOY—APX. A.
Cybèle assise à gauche, tenant une patère de la main
droite ; à ses pieds un lion. *Ae.* 30^{mm}. Pl. I, n° 8.

Alia..

19. *Autonome.* — ΔHMOC. Tête jeune et laurée du
Peuple, à gauche.

℞. ΑΛΙΗ—ΝΩΝ. Apollon marchant à droite, un car-quois sur l'épaule. *Ae.* 20 ^{mm}.

20. *Gordianus III.* — ....ΓΟΡΔΙΑΝΟC. Son buste lauré à droite avec le paludament.

℞. Α—ΛΙ—ΗΝΩΝ. Esculape et Hygie debout, en face l'un de l'autre, avec leurs attributs. *Ae.* 23 ^{mm}.

Amorium.

21. *Autonome.* — Tête de Jupiter à droite.

℞. ΑΜΟΡΙΑΝΩΝ. Aigle sur un foudre à droite, der-rière lui un caducée. *Ae.* 18 ^{mm}.

22. ΑΜΟΡΙ — ΑΝΩΝ. Tête de Sérapis à gauche.

℞. ΕΠΙ CΕΡ··· ΑΝΤΩΝΙΟΥ. Isis drapée debout à gau-che. *Ae.* 17 ^{mm}.

Même nom de magistrat sur une médaille décrite par Mionnet, *Suppl.* VII, p. 500.

Apamea.

23. *Nero* et *Agrippina.* — ΝΕΡΩΝ· ΚΑΙΣΑΡ. ΣΕΒΑ-ΣΤΟΣ. ΑΓΡΙΠΠΙΝΑ ΣΕΒΑΣΤ. Têtes en regard de Néron et d'Agrippine.

℞. ΕΠΙ. ΜΑΡΙΟΥ ΚΟΡΔΟΥ ΚΟΙΝΟΝ ΦΡΥΓΙΑΣ. Aigle éployé tenant dans ses serres un serpent; dans le champ, ΑΠΑ—ΜΕΙΣ. *Ae.* 25 ^{mm}.

C'est la monnaie décrite par Mionnet, t. IV, p. 232, mais la nôtre offre la légende du droit complète.

24. *Volusianus*. — OYЄIB. ΓΑΛΛΟC. OYЄΛOY — MNIAN, OYOΛOCCIANOC. Son buste lauré à droite avec le paludament.

℞. ΠΑΡΑ. ΚΛ. ΑΠΟ — ΛΙΝΑΡΙΟΥ ΑΠΑ — ΜЄΩN. Le Dieu Lunus à cheval, à droite. *Ae.* 30 mm.

25. *Autonome*. — ΑΠΑΜЄ—ΩN. Tête de Pallas casquée à droite, la poitrine couverte de l'égide hérissée de serpents.

℞. ΜΑΙΑΝΔΡΟC. Le Méandre couché à gauche, tenant de la main droite un roseau et de la gauche une corne d'abondance; à côté une urne d'où s'échappent des eaux. *Ae.* 15 mm. (Mionnet, IV, nᵒ 218.)

Attaea.

26. *Commodus*. — ΑΥΤΟ ΚΑ ΑΥΡ ΚΟΜΟΔΟC. Buste lauré de Commode à droite, avec le paludament.

℞. ЄΠI CTPA........ ΑΤΤΑΙΤΩN. Femme drapée, sacrifiant devant un autel et couronnée par une Victoire *Ae.* 27 mm, pl. I, nᵒ 9.

Attuda.

27. *M. Aurelius* et *L. Verus*. — ΑΥ. ΚΑ. ΑΡ. ΠΑ. ΜΗ. Μ. Α. ΑΝΤΩΝΙΝΟC Κ. ΟΥΗΡΟC. Marc-Aurèle et Lucius Vérus debout en face l'un de l'autre et se donnant la main.

℞. ЄΠΙΜЄΛΗΘЄΝΤΟС.... ΚΛΑΥΔΙΑΝΟΥ. Dans le champs, ΑΤ—ΤΟΥ—ΔЄ—ΩΝ. Cybèle debout, entre deux lions. *Ae*. 35^{mm}.

Cadi.

28. *Agrippina junior.* — [ΑΓΡΙΠΠЄΙΝΑΝ]—ΣЄΒΑ-ΣΤΗΝ. Tête d'Agrippine à droite.

℞. ΚΑΔΟ‑ΗΝΩΝ. Diane d'Éphèse debout, avec ses supports. *Ae*. 16^{mm}; pl. I, nᵒ 10.

Cibyra.

29. *Severus Alexander.* — .....СЄΒ....... Buste lauré d'Alexandre Sévère à droite, avec le paludament.

℞. ΚΙΒΥΡΑΤΩΝ Κ ЄΦЄСΙΩΝ Δ ΝЄΩΚΟΡΩΝ—ΟΜΟ-ΝΟΙΑ. Femme debout, vêtue de la *stola*, tenant de la main droite un flambeau et de la gauche une corbeille placée sur sa tête; type décrit par Mionnet, IV, nᵒˢ 397 et 406. Devant elle, Diane d'Ephèse avec ses supports; à ses pieds, deux cerfs. *Ae*. 34^{mm}.

Cidyessus.

30. *Philippus senior.* — ΑΥΤ· Κ· Μ· ΙΟΥ· ΦΙΛΙΠΠΟС СЄΒ· Buste de Philippe père lauré à droite avec le paludament.

℞ ЄΠΙ ΑΥΡ ΜΑΡ—ΚΟΥ ΑΡΧ—ΠΡ‑‑Β— ΚΙΔΥΗССЄΩΝ. Jupiter assis à gauche, tenant une patère de la main droite et une haste de la gauche. *Ae*. 27.

31. *Julia Domna.* - ΙΟΥΛΙΑ—ϹЄΒΑϹΤΗ· Buste drapé de Julie à droite.

℞ ΚΙΔΥΗ—ϹϹЄΩΝ· Pallas casquée, debout à droite, tenant une haste de la main droite et la gauche appuyée sur un bouclier. *Ae.* 21 ᵐᵐ. Pl. II, n° 11.

32. *Domitianus.* — ΑΥΤΟΚΡΑΤΟΡΑ· ΔΟΜΙΤΙΑ-ΝΟΝ· ΚΙΔΥΗΣΣΕΙΣ· Tête laurée de Domitien à droite.

℞ ΕΠΙ· ΦΛΑΟΥΙΟΥ· ΠΕΙΝΑΡΙΟΥ· ΑΡΧΙΕΡΕΩΣ; dessous un monogramme, le tout dans une couronne de chêne. *Ae.* ᵐᵐ. (Mionnet. IV, n° 416.)

Cidramus.

33. *Philippus junior.* — Buste lauré de Philippe jeune (?) à droite. Légende fruste.

℞ ΚΙΔΡΑ—ΜΗΝΩΝ. Femme drapée, debout, tenant de la main droite une corbeille sur sa tête. *Ae.* 30 ᵐᵐ. pl. II, n° 12.

Colossae.

34. *Autonome.* — ΔΗΜΟϹ ΚΟΛΟϹΗΝΩΝ (*sic*). Tête jeune et laurée du Peuple à droite.

℞ ·Ι· ΜΩΝ···· ϹΙΜΟΥ ΔΙΟΚΡΑΤΟϹ ΑΝЄΘΗ·· Le Soleil debout, de face, dans un quadrige, tenant un flambeau d'une main et un globe de l'autre. *Ae.* 30ᵐᵐ.

C'est peut-être la médaille décrite par Mionnet, t. IV, n° 424, d'après un exemplaire défectueux. Pl. II, n° 13.

35. *Autonome.* — ΔΗΜΟC—ΚΟΛΟCCΗΝΩΝ· Tête jeune et laurée du Peuple à droite.

℞ Π· ΑΙΛ·ΚΤΗC—Ι—ΚΛΗC ΑΝΕΘΗΚΕΝ· Le Soleil radié debout, de face, tenant un flambeau d'une main et un globe de l'autre.

Docimaeum.

36. *Macrinus.* — ΑΥΤ. Κ. Μ. ΟΠΕΛ. CΕΟΥΡ. ΜΑΚΡ-ΙΝΟC. ΑΥΓ· Tête laurée de Macrin, à droite.

℞. ΔΟΚΙ—ΜΕ—ΩΝ ΜΑΚΕΔΟ—ΝΩΝ. Isis debout, à gauche, sur une proue de vaisseau; elle est coiffée du *modius* et tient une fleur de la main droite; de la gauche, elle s'appuie sur un monticule. *Ae.* 30 ^{mm}, pl. II, n° 14.

Isis et le monticule paraissent encore, mais comme types isolés, sur les n°ˢ 504 et 506, t. IV, de Mionnet.

Eumenia.

37. *Sept. Severus.* — ΑΥ. ΚΑΙ—CΕΟΥΗΡΟ. Buste lauré de Sévère, à droite, avec la cuirasse.

℞. ΓΛΑΥΚΟC. Fleuve couché à gauche, le bras gauche appuyé sur une urne renversée et tenant de la main droite un roseau. A l'exergue, ΕΥΜΕΝΕΩΝ — ΑΧΑΙΩΝ. *Ae.* 22. ^{mm}; pl. II, n° 15.

Hierapolis.

38. *Elagabalus.* — ΑΥΤ. ΚΑΙ. Μ. ΑΥΡ. —- ΑΝΤΩ· ΝΕΙΝΟC. CΕ. Buste lauré et cuirassé d'Elagabale, à droite.

℞. ΙΕΡΑΠΟΛΕΙ --- ΤΩΝ ΝΕΩΚΟΡΩΝ. Apollon debout à droite, un carquois sur l'épaule et le manteau flottant, s'apprête à transpercer le serpent Python dressé devant lui. *Ae.* 40 ^{mm}.

Laodicea.

39. *Caracalla.* — ΑΥΤ. Κ. Μ. ΑΥ. ΑΝ. — ΤΩΝΕΙ-ΝΟC CΕΒ. Buste lauré de l'empereur, à droite, avec le paludament.

℞. ΚΟΜΟΔΟΥ. ΚΕ. ΑΝΤΩΝΕΙΝΟΥ — ΛΑΟΔΙΚΕ — ΩΝ ΝΕΩΚΟ—ΡΩΝ. Deux temples décastyles réunis par le sommet. *Ae.* 30 ^{mm}.

Metropolis.

40. *Sept. Severus.* — ΑΥ. Κ. Λ. CΕ.—CΕΟΥΗΡΟC. Π. Son buste à droite avec le paludament.

℞. ΕΠΙ CΤ — Ρ. ΚΛΑ. ΘΑ — ΛΛΟΥ —ΜΗΤΡΟΠΟΛ — ΕΙΤΩΝ. Trois figures militaires debout, tenant chacune une haste et un bouclier. *Ae.* 37 ^{mm}.; pl. II, n° 16.

Le nom du préteur *Clas. Thallus,* se retrouve encore sur une autre médaille de Sévère (Mionnet, t. IV, *Metropolis,* n° 805).

Otrus.

41. *Caracalla.* ΑΥΤ.Κ. Μ. ΑΥΡ. ΑΝΤΟΝΕΙΝΟC.Buste lauré de Caracalla, à droite, avec le paludament. Dans le champ, en contremarque, un vase (?) dans un cercle perlé.

℞. ЄΠΙ. ΑΡΧ. ΝΙΓΡЄΝΟΥ. ΟΤΡΟΗ—ΝΩΝ. Terme sur une proue de vaisseau ; à ses côtés, Pallas casquée debout et Apollon tenant une haste, sacrifiant. Derrière Pallas, un aigle tenant un rameau dans son bec (?). *Ae.* 35 ᵐᵐ.

Nom d'archonte manquant dans Mionnet. Toutes les monnaies d'Otrus sont fort rares.

Sibidunda.

42. *Tranquillina.*— CABINIA ΤΡΑΝΚΥΛΛЄΙΝΑ. Buste drapé de Tranquilline à droite.

℞. ΣΙΒΙΔΟΥΝΔЄΩΝ. Bacchus nu, debout, à gauche, tenant de la main gauche un thyrse et de la droite un canthare renversé ; à ses pieds une panthère. *Ae.* 19 ᵐᵐ; pl. II, n° 17.

Les monnaies de Sibidunda sont de la plus grande rareté, Mionnet n'en a décrit que deux, d'après Sestini.

Siblia.

43. *Autonome* ΔΗΜΟC. Tête jeune et laurée du Peuple, à droite.

℞. CЄΙΒΛΙ—ΑΝΩΝ. Hercule debout à gauche, regardant à droite, tenant de la main droite une massue et de la gauche la dépouille du lion (?). *Ae.* 22; pl. II, n° 18.

Egalement de toute rareté. Mionnet n'a connu qu'une seule médaille de Siblia (*Suppl.*, VII, p. 617).

PISIDIA.
Seleucia.

44. *Elagabalus.* — ΑΥΤ. Κ. Μ. — ΑΥΡ. ΑΝΤΩΝЄΙ. Buste lauré de l'empereur, à droite, avec le paludament.

℞. ΚΛΑΥΔΙΟCΕΛΕΥΚΕΩΝ. Fleuve couché à gauche, tenant de la main droite un roseau et le coude gauche appuyé sur une urne d'où s'échappent des eaux; dessous, OPAΕΝ—ΔOC. *Ae.* 3^{mm}; pl. II, n° 19.

MYSIA

Appollonia.

45. *Gallienus.* — .... ΚΓΑΛΛΗΝΟΝCΕΚ (*sic*). Buste radié de Gallien, à droite, avec le paludament.

℞. ΑΠΟΛΛΩΝΙΑΤΩΝ ΠΡΟC — PYNΔΑΚ. Apollon (?) nu et debout dans un temple tétrastyle, le bras gauche appuyé sur une colonne. *Ae.* 29^{mm}.

ARTHUR ENGEL.

Smyrne, le 30 mars 1883.

Paris. — Imprimerie de l'*ETOILE*, Boudet, directeur, rue Cassette, 1.

L. Dardel sc.   Imp. Dumas Vernet

MONNAIES GRECQUES

L. Dardel sc.   Imp. Dumas Vorset

MONNAIES GRECQUES